ATLAS JUNIOR

AVEC LIENS INTERNET

Pour le Canada : publié par les Éditions Héritage, inc. ISBN : 2 7625 2121 1.

Imprimé au Portugal

Page de titre : Image satellite montrant les fleuves qui se jettent dans la mer, sur la côte de la Guinée-Bissau, en Afrique de l'Ouest. La terre est représentée en rouge, l'eau en bleu.
Ci-dessus et ci-contre : ces montagnes et glaciers se trouvent sur l'île de Svalbard, qui appartient à la Norvège. Située en plein cœur du cercle polaire arctique, il y fait très froid.

ATLAS JUNIOR

AVEC LIENS INTERNET

Elizabeth Dalby

Maquette : Laura Hammonds,
Candice Whatmore et Ruth Russell
Illustrations : Adam Constantine, Michael Hill,
Karen Tomlins, Joanne Kirkby et Luke Sargent

Images numériques : Keith Furnival
Rédactrice en chef : Kirsteen Rogers
Maquette de couverture : Zöe Wray

Cartographie : European Map Graphics Ltd
Expert-conseil : John Davidson
Rédacteur expert-conseil en cartographie : Craig Asquith

Traduction : Jean-Noël Chatain
Rédaction : Renée Chaspoul et Carla Brown

Liens Internet

Il existe de nombreux sites Web sur lesquels tu pourras te renseigner sur les pays, les coutumes, les personnes et les animaux décrits dans ce livre. Tu trouveras dans les encadrés « Liens Internet » une description des sites à visiter en cliquant sur les liens du site Quicklinks d'Usborne. Chaque adresse de site Web est accompagnée d'une brève description de son contenu. Voici quelques exemples de ce que contiennent les sites sélectionnés dans cet ouvrage :

- Un jeu de mémoire sur les continents et océans
- Des fonds de cartes à imprimer, colorier et remplir, pour apprendre les pays
- Un quiz sur les récifs coralliens
- Une visite virtuelle de la tour Eiffel
- Des liens pour explorer des pays du monde
- Un voyage en photos sur l'île de Pâques

Sécurité sur Internet

Voici quelques conseils à suivre pour naviguer sur Internet en toute sécurité.

- Demande la permission à un adulte de ton entourage avant de te connecter sur Internet.
- Ne communique jamais de données personnelles comme ton vrai nom, ton adresse ou ton numéro de téléphone.
- Si un site te demande de t'inscrire ou de donner ton nom ou ton adresse e-mail, consulte une grande personne de ton entourage auparavant.
- Si tu reçois un e-mail d'une personne que tu ne connais pas, consulte un adulte. Ne réponds pas.
- N'accepte jamais de rencontrer une personne dont tu as fait la connaissance sur Internet.

Disponibilité des sites

Il arrive de temps en temps qu'un site ne soit pas disponible. S'il s'agit d'un problème temporaire, il suffit de réessayer plus tard. Il arrive toutefois que cela soit dû à un changement d'adresse ou à la fermeture du site. Les liens du site Quicklinks sont mis à jour régulièrement et t'orientent vers le bon site ou, le cas échéant, vers un site de remplacement.

Matériel informatique

La plupart des sites Web mentionnés dans ce livre peuvent être consultés à l'aide d'un ordinateur familial standard et d'un navigateur (logiciel qui permet d'afficher les informations d'Internet). Certains sites nécessitent des modules d'extension (plug-ins) pour prendre en charge les fichiers audio, vidéo et les animations. Si tu ne possèdes pas le plug-in nécessaire, tu verras un message s'afficher sur l'écran. Le site contient en général un bouton sur lequel on peut cliquer pour télécharger le plug-in. Sinon, va sur notre site Quicklinks et clique sur « Besoin d'aide ? ». Tu y trouveras des liens vers des sites où tu pourras télécharger des plug-ins.

Note pour les parents

Tous les sites Web décrits dans cet ouvrage sont régulièrement revus et les liens mis à jour. Toutefois, le contenu d'un site peut changer à tout moment et les éditions Usborne ne sauraient être tenues responsables du contenu des sites Web autres que le leur. Nous recommandons aux adultes d'encadrer les jeunes enfants lorsqu'ils utilisent Internet, de leur interdire l'accès aux salles de discussion (chat rooms) et d'utiliser un logiciel de filtrage afin de bloquer l'accès à tout site indésirable. Veillez à ce que vos enfants suivent les conseils de sécurité ci-contre. Pour toute information, consulter la page « Besoin d'aide » de notre site Quicklinks.

IL N'EST PAS OBLIGATOIRE D'AVOIR UN ORDINATEUR

Tel quel, cet ouvrage de référence est complet et ne nécessite aucun auxiliare

Sommaire

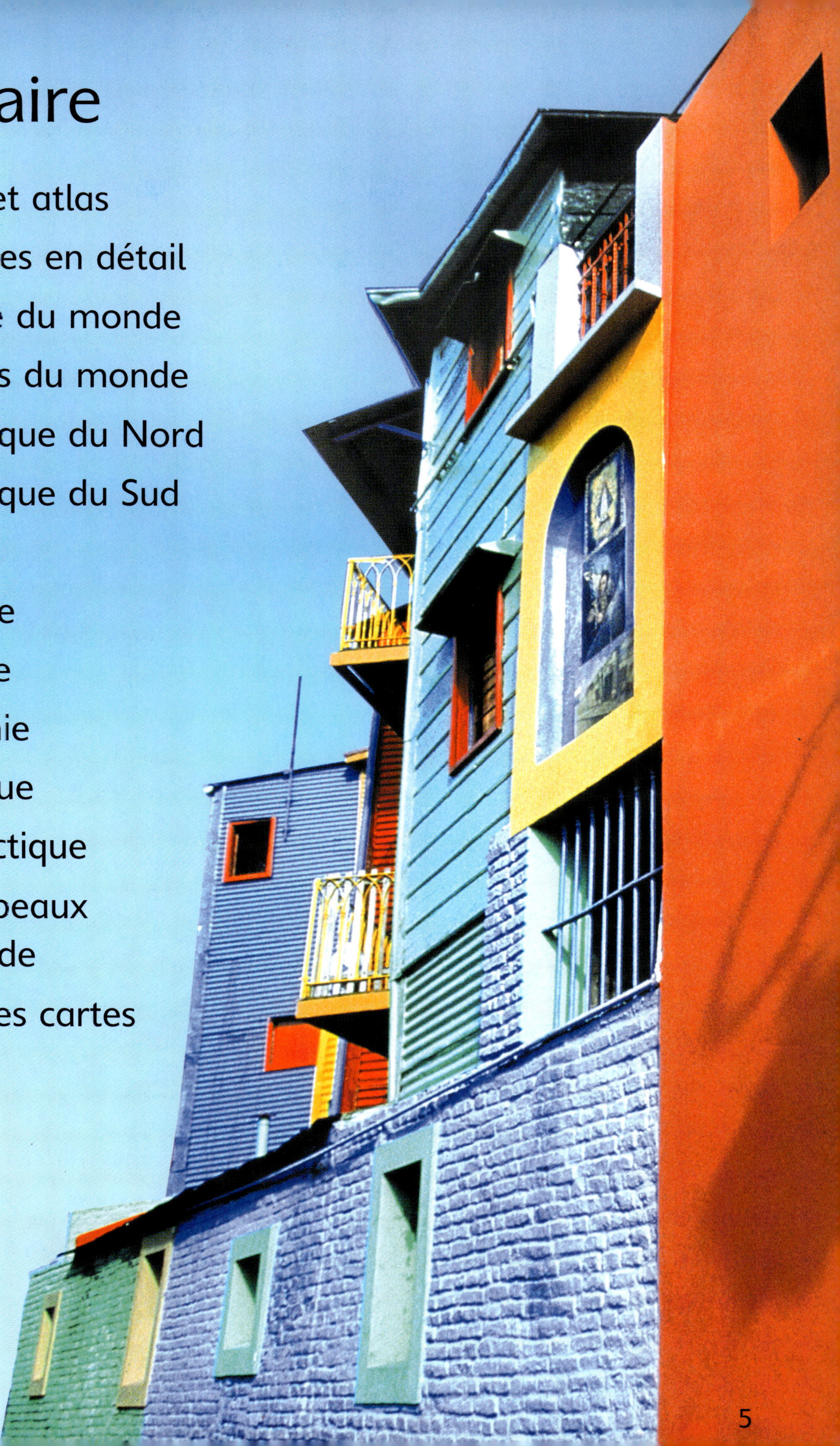

Ces maisons aux couleurs vives se trouvent à Buenos Aires, la capitale de l'Argentine, en Amérique du Sud.

Cartes et atlas

Un atlas est un ensemble de cartes. Les cartes représentent des régions vues du ciel. Les lieux y apparaissent plus petits qu'ils ne le sont réellement. Certaines cartes décrivent le monde entier, d'autres des zones plus réduites, comme les plans de ville.

Légende de la carte des Amériques latine et centrale

- Forêt
- Désert
- Prairie
- Montagne
- Cultures

Cette carte présente la géographie physique des Amériques latine et centrale.

Échelle graphique — Échelle 0 km 2 000 km

Que vois-tu sur une carte ?

Une carte doit être facile à comprendre. On sait à quoi ressemble une région grâce aux couleurs et aux symboles utilisés. Une légende explique leur signification.

On appelle échelle le rapport entre la dimension d'une carte et la taille réelle de la région qu'elle représente. Sur certaines cartes figure une ligne appelée échelle graphique, qui montre les distances réelles entre deux endroits.

Dans quel sens ?

La Terre n'a pas vraiment un haut et un bas. Mais pour faciliter leur compréhension, on dessine souvent les cartes avec le nord en haut.

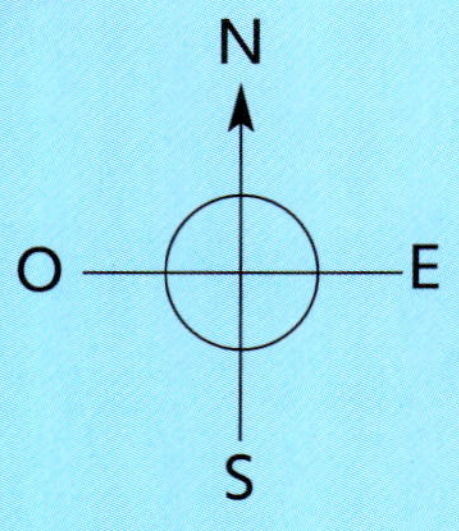

Cette rose des vents indique le nord (N), le sud (S), l'est (E) et l'ouest (O).

La mer et la terre

Plus des deux tiers de notre planète sont recouverts d'eau salée : les mers et les océans. Sur les cartes, on représente d'habitude l'eau en bleu.

Les terres constituent le reste de la planète. Les cartes les montrent souvent telles qu'elles apparaissent vues du ciel. Les prairies sont d'ordinaire en vert et les déserts en beige ou en jaune.

Une île est une terre entourée d'eau. Voici une des îles Salomon, dans l'océan Pacifique.

Pays et continents

La terre se divise en cinq régions gigantesques appelées continents, qui se répartissent en zones plus petites appelées pays. Chaque pays est dirigé par un gouvernement et possède ses propres lois. Certains grands pays sont subdivisés en États, plus faciles à diriger.

Liens Internet

Sur **www.usborne-quicklinks.com/fr** tu trouveras un lien avec un jeu de mémoire sur les continents et les océans.

Voici le continent nord-américain. C'est une vaste région de terres et d'îles.

L'Amérique du Nord comprend plusieurs pays : le Canada, les États-Unis et le Mexique.

Les États-Unis sont constitués de 50 différents États. Chacun possède ses propres lois.

Les cartes en détail

Les cartes offrent plusieurs informations sur une même région. Certaines montrent l'emplacement des pays et des villes, d'autres la répartition des reliefs ou de la flore.

Les cartes politiques indiquent les noms des pays et des lieux. Les lignes séparant les pays sont appelées frontières.

Les cartes physiques montrent les caractéristiques d'une région, comme les montagnes, les lacs et les cours d'eau.

Les cartes thématiques offrent d'autres renseignements, comme l'exploitation des terres ou la répartition de la population.

Climat et nature

La faune, la flore et le climat changent selon les régions du monde. On appelle biomes ces différentes zones. Les déserts, les prairies et les forêts pluviales sont des biomes. On peut les représenter sur une carte thématique.

Ces cactus poussent dans le désert, où il pleut rarement. Ils conservent l'eau dans leurs tiges.

Liens Internet
Sur **www.usborne-quicklinks.com/fr** tu pourras t'amuser à faire des jeux écologiques.

Densité de population

Les habitants d'une même région constituent sa population. Les cartes peuvent indiquer les zones surpeuplées comme les moins habitées.

Cette carte d'Amérique du Nord montre les régions les plus peuplées.

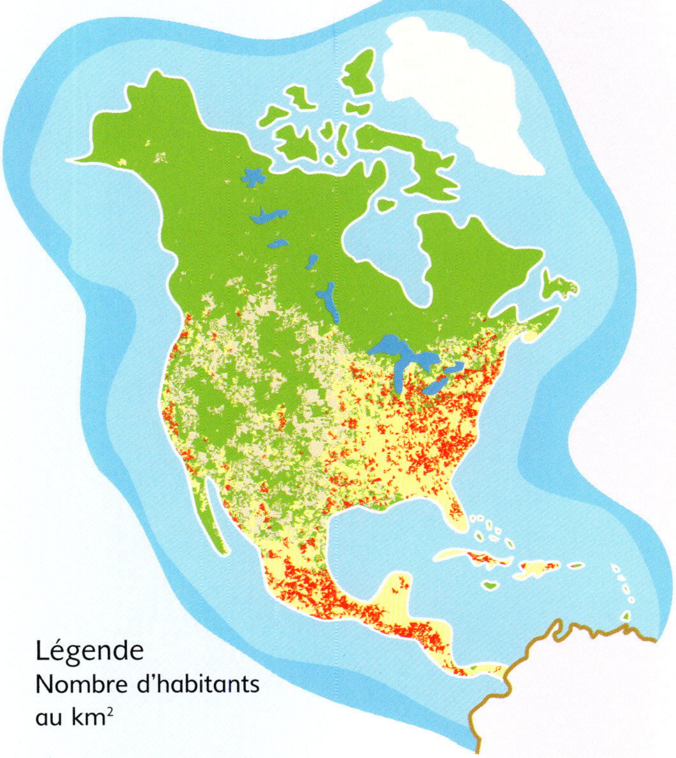

Légende
Nombre d'habitants au km²

- Aucun
- Moins de 1
- Jusqu'à 100
- Plus de 100

Petites et grandes villes

Tout endroit qui abrite un groupe d'habitants est appelé une zone de peuplement. Suivant le nombre d'habitants, cela désigne un village, une petite ville ou une grande agglomération. La capitale est la ville qui abrite le gouvernement d'un pays. Presque la moitié des habitants de notre planète vivent en ville.

Les lignes sur les cartes

Pour mieux calculer les distances et localiser les lieux avec précision, on a divisé la Terre avec des lignes imaginaires. Ce sont les longitudes et les latitudes. On les numérote en degrés (°) et en minutes (').

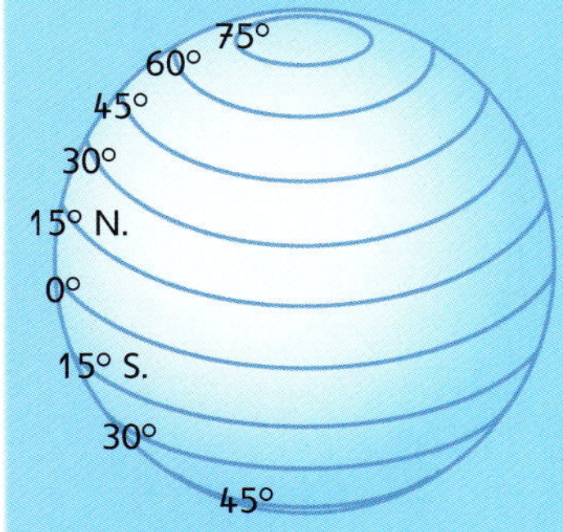

Les latitudes font le tour du globe. Sur les cartes, elles sont tracées de gauche à droite.

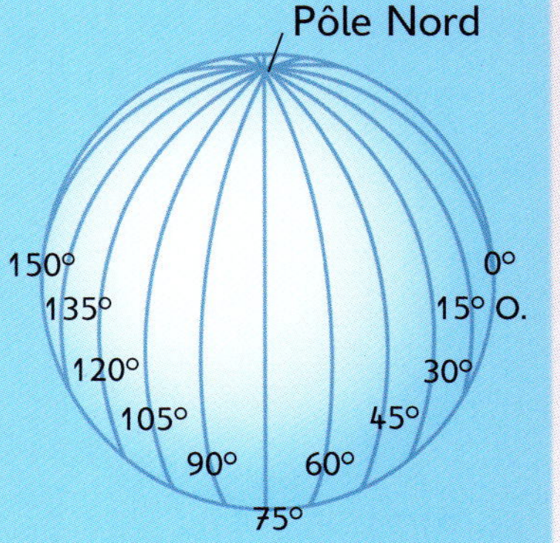

Les longitudes relient le pôle Nord au pôle Sud. Sur les cartes, elles apparaissent de haut en bas.

Ce dessin de la Terre représente le pôle Nord ainsi que les principales longitudes et latitudes.

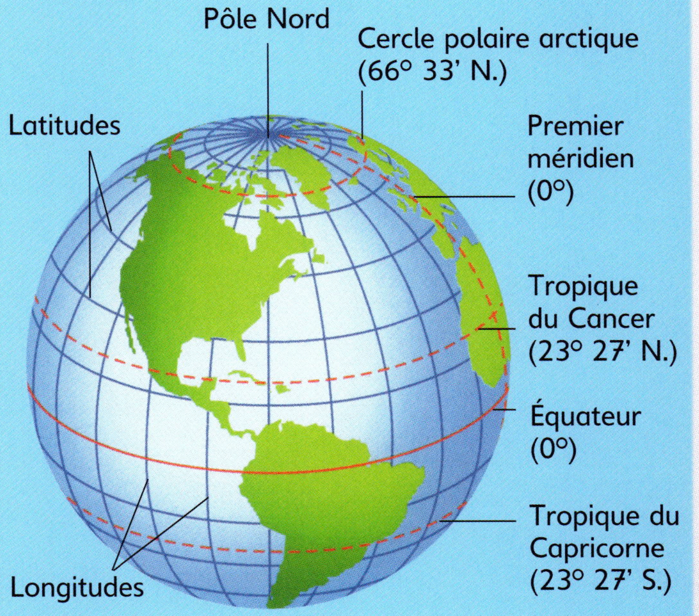

Ce globe est un peu incliné pour montrer le pôle Nord. Par conséquent, on ne peut pas voir le pôle Sud.

La carte du monde

Voici une carte physique. Elle montre les différents types de sols sur chaque continent.

La moitié supérieure du globe est appelée hémisphère nord.

La moitié inférieure du globe est appelée hémisphère sud.

Légende de la carte du monde

- Forêt
- Prairie
- Désert
- Montagnes (seules les plus hautes sont représentées)
- Toundra (terre gelée dépourvue d'arbres)
- Glace (zones où la glace et la neige ne fondent jamais)
- Cultures (terres où l'on cultive des plantes pour nourrir les humains et les animaux)
- Mer
- Lac ou mer intérieure
- Fleuve
- ▲ Sommet

Les pays du monde

Voici une carte politique. Elle présente les différents pays de chaque continent. Peux-tu y situer ton pays ?

Légende de la carte des pays du monde

- Frontière (limite entre deux pays)
- Littoral
- Lac ou mer intérieure

Certains pays sont abrégés pour figurer sur la carte. En voici la liste avec leurs noms complets.

ARM.	Arménie
AUT.	Autriche
AZER.	Azerbaïdjan
BELG.	Belgique
B.-H.	Bosnie-Herzégovine
CRO.	Croatie
E.A.U.	Émirats arabes unis
LIB.	Liban
LUX.	Luxembourg
MAC.	Macédoine
P.-B.	Pays-Bas
RÉP. TCH.	République tchèque
SLOV.	Slovénie
S.M.	Serbie et Monténégro

L'Amérique du Nord

Elle comprend trois grands pays : le Canada, les États-Unis et le Mexique. Dans cet atlas, on inclut aussi les îles des Caraïbes (Antilles) et les pays d'Amérique centrale (la bande de terre qui rejoint l'Amérique du Sud).

Les ratons laveurs vivent en Amérique du Nord et en Amérique centrale. Le jour, ils dorment dans les arbres ; ils sortent se nourrir le soir.

Liens Internet

Sur **www.usborne-quicklinks.com/fr** tu trouveras un lien qui propose des croquis et fond de carte de l'Amérique du Nord et de l'Amérique centrale.

Le Groenland fait partie de l'Amérique du Nord mais il appartient au Danemark, en Europe.

Cette photographie a été prise dans l'espace par un satellite. Les parties orange sont des déserts. Les brunes représentent les montagnes Rocheuses.

L'Amérique du Nord en chiffres

Superficie totale *22 656 190 km²*

Pays le plus grand Canada *9 970 610 km²*

Pays le plus petit Saint-Christophe-et-Niévès *269 km²*

Île la plus grande Groenland *2 175 600 km²*

Montagne la plus haute Mont McKinley, Alaska, États-Unis *6 194 m*

Fleuve le plus long Mississippi/Missouri, États-Unis *6 019 km*

Lac le plus grand Lac Supérieur, États-Unis/Canada *82 414 km²*

Chutes les plus hautes Chutes de Yosemite (Yosemite falls), Californie, États-Unis *739 m*

Désert le plus vaste Désert du Grand Bassin, États-Unis *492 000 km²*

L’exploitation des terres

L’Amérique du Nord est en grande partie constituée de terres incultivables et hostiles. Certaines régions sont chaudes et arides, d’autres glacées et enneigées. Ailleurs, le sol et le climat conviennent à l’agriculture.

Des formes dans la roche

Dans le sud-ouest des États-Unis, les cours d’eau ont creusé la roche pour en faire des canaux appelés canyons. Les vents violents et la pluie l’ont usée davantage en créant d’étranges formes ondulées.

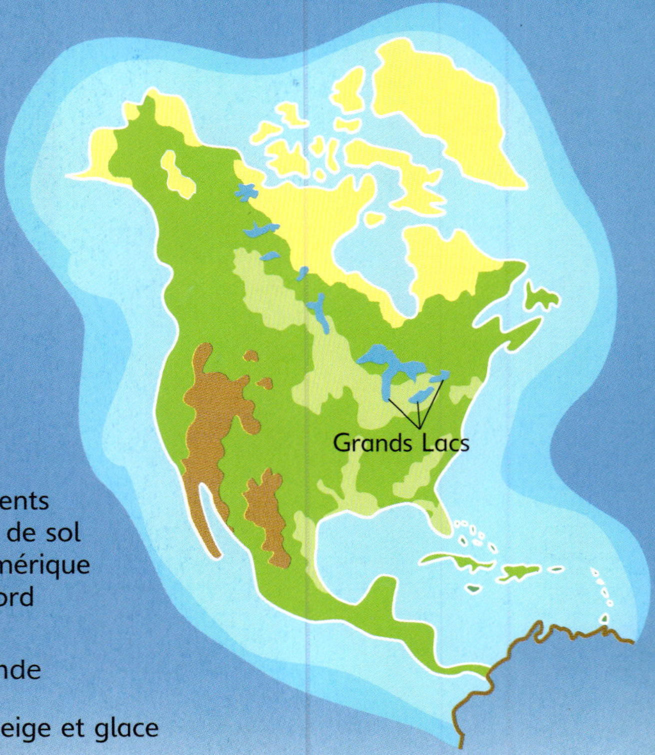

Différents types de sol en Amérique du Nord

Légende

- Neige et glace
- Montagne et désert
- Prairie et forêt
- Cultures

Cette curieuse photo a été prise dans un petit canyon d’Arizona. La roche orange s’appelle du grès et le gros félin est un puma.

La terre tremble

La croûte terrestre est constituée de gigantesques morceaux de roche, appelés plaques tectoniques. Parfois, ces plaques s'entrechoquent ou glissent l'une sur l'autre et créent ainsi ce qu'on appelle un séisme (tremblement de terre). La faille de San Andreas, à l'ouest des États-Unis, se situe au point de glissement de deux plaques. La terre y tremble souvent.

Cette maison s'est écroulée après un gros séisme à San Francisco, une ville située sur la faille de San Andreas.

Des fermes énormes

Aux États-Unis, au Canada et au Mexique, il existe de nombreuses grandes fermes appelées ranches. On y élève du bétail pour la viande et le cuir. D'autres fermes d'Amérique du Nord abritent des champs gigantesques, où l'on cultive des légumes ou du maïs.

Liens Internet

Sur **www.usborne-quicklinks.fr** tu trouveras un lien qui présente un diaporama sur le Grand canyon, en Arizona.

Par commodité, les cow-boys parcourent leurs terres à cheval. Certaines fermes sont si grandes qu'il faudrait des jours pour les traverser à pied.

Villes et festivités

Les explorateurs européens sont arrivés en Amérique du Nord il y a plusieurs centaines d'années. Mais ces terres étaient déjà habitées depuis des millénaires. Aujourd'hui, des gens du monde entier viennent y vivre.

Répartition géographique de certains peuples primitifs d'Amérique du Nord

Légende
- Aztèques
- Mayas
- Tribus d'Indiens d'Amérique

Des cités de pierre

Les Mayas et les Aztèques vivaient au Mexique avant l'installation des colons européens. Les Mayas ont construit dans la pierre de merveilleuses cités et des temples pyramidaux. On peut encore admirer leurs vestiges dans la péninsule du Yucatan, au Mexique.

Ce temple maya date de plus de 1 000 ans.

Les Mayas bâtissaient de tels temples pour vénérer leurs rois, considérés comme des dieux.

Une ville animée

New York est la plus grande ville des États-Unis et l'une des plus vastes du monde. Elle compte près de 20 millions d'habitants et accueille chaque année des milliers de visiteurs.

Liens Internet
Sur **www.usborne-quicklinks.com/fr** tu pourras découvrir l'extraordinaire ville de New York grâce à une galerie de superbes photos.

New York comprend une île appelée Manhattan. Des ponts la relient au reste de la ville.

Une patrie de glace

Les Inuits vivent dans la partie glacée du Canada appelée Nunavut. Comme il y fait trop froid pour l'agriculture, les chasseurs inuits chassent et pêchent pour se nourrir.

Cet Inuit prépare un harpon pour la chasse. Il est vêtu d'une chaude fourrure.

La musique calypso

Les gens visitent les Antilles pour leur climat tropical et leurs plages. Les îles doivent aussi leur célébrité à la musique calypso, qui se joue sur de vieux bidons d'essence transformés en tambours.

Cette fillette est habillée pour le carnaval de Trinidad. La danse et la musique font partie des festivités.

L'Amérique du Sud

L'Amérique du Sud s'étend de l'équateur jusqu'à proximité de l'Antarctique. En bordure de la Colombie, une étroite bande de terre la relie à l'Amérique du Nord.

Légende de la carte d'Amérique du Sud

- ■ Capitale
- ○ Métropole et ville
- Frontière (limite entre deux pays)
- Fleuve
- Littoral

Échelle

0 km — 1 000 km

Voici un toucan. Cet oiseau vit dans les forêts pluviales d'Amérique du Sud. Il utilise son long bec pour saisir et manger les fruits dans les arbres.

Vue de l'Amérique du Sud depuis l'espace. Cette bande tachetée le long du littoral ouest représente la cordillère des Andes.

L'Amérique du Sud en chiffres

Superficie totale *17 866 130 km²*

Pays le plus grand Brésil *8 547 400 km²*

Pays le plus petit Surinam *163 270 km²*

Île la plus grande Terre de Feu *46 360 km²*

Montagne la plus haute Aconcagua, Argentine *6 959 m*

Fleuve le plus long Amazone, Brésil *6 440 km*

Lac le plus grand Lac Maracaibo, Venezuela *13 312 km²*

Chutes les plus hautes Chutes Angel (Angel Falls), sur le fleuve Churun, Venezuela *979 m*

Désert le plus vaste Désert de Patagonie, Argentine *673 000 km²*

Liens Internet

Sur **www.usborne-quicklinks.com/fr** tu trouveras un lien qui propose une carte de l'Amérique du Sud à imprimer, remplir et colorier.

D'un extrême à l'autre

L'Amérique du Sud, ou latine, abrite une des régions les plus humides du monde – la forêt pluviale d'Amazonie, mais aussi le désert d'Atacama, qui est une des régions les plus sèches. La cordillère des Andes représente la plus longue chaîne de montagnes du globe.

Pics enneigés

La cordillère des Andes s'étend sur plus de 7 000 km tout le long du continent. Les versants les plus bas conviennent à l'agriculture, tandis que les hauts sommets sont enneigés et déserts. Plus d'une trentaine d'entre eux sont des volcans.

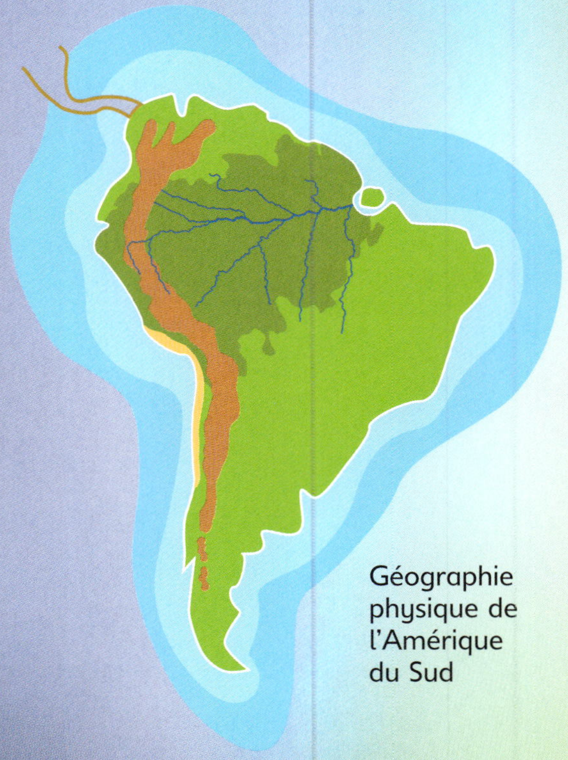

Géographie physique de l'Amérique du Sud

Légende

- Forêt pluviale d'Amazonie
- Cours d'eau d'Amazonie
- Désert d'Atacama
- Cordillère des Andes

Cet alpiniste s'approche de la cime de l'Huascaran, un des pics les plus élevés des Andes.

Habitats forestiers

La forêt pluviale d'Amazonie est la plus vaste de ce type au monde. Il y fait toujours chaud et y pleut presque chaque jour. Elle accueille un grand nombre de plantes et d'animaux.

Ce papillon morpho bleu d'Amazonie est aussi grand qu'une main d'homme.

Liens Internet

Sur **www.usborne-quicklinks.com/fr** tu trouveras un lien qui présente quelques animaux en voie de disparition dans la forêt pluviale.

Terre brûlée

Le désert d'Atacama, au Chili, avoisine l'océan Pacifique, mais c'est la région la plus aride de la planète. Dans certains endroits, on pense même qu'il n'y a jamais plu.

Les plantes désertiques comme celles-ci ont de longues racines enfouies dans la terre pour y puiser de l'eau.

Un fleuve immense

L'Amazone contient plus d'eau que tout autre fleuve du globe. Plus d'un millier de rivières y affluent depuis le nord de l'Amérique latine. C'est aussi l'un des plus longs fleuves et il traverse quasiment tout le haut du continent.

Ce garçon canote sur l'Amazone. La majeure partie du fleuve est si large qu'aucun pont ne l'enjambe.

Des lieux de vie

Les Sud-Américains vivent dans les montagnes, au cœur de la forêt pluviale et même dans le désert. De nombreux individus habitent de minuscules villages agricoles, mais l'Amérique latine abrite aussi quelques-unes des plus grandes villes du monde.

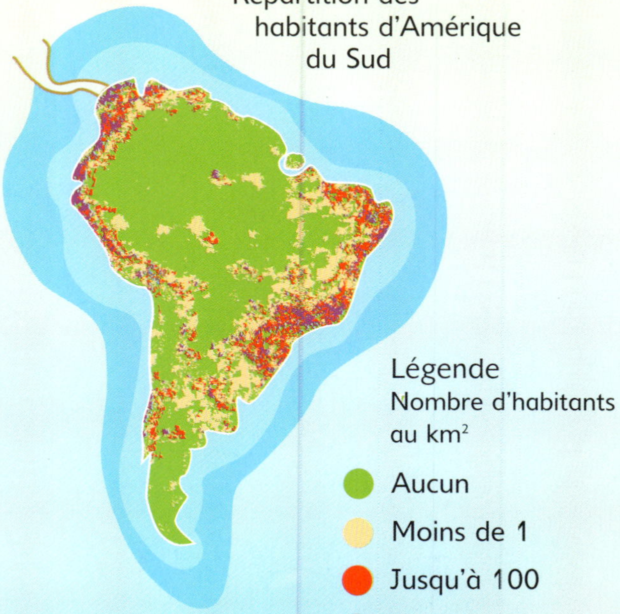

Le peuple uru traverse le lac Titicaca à bord de bateaux en roseaux.

Lac de montagne

Le lac Titicaca est perché dans la cordillère des Andes, près du Pérou et de la Bolivie. Les Urus vivent au bord du lac et pêchent dans ses eaux glacées. Certains vivent sur des îles flottantes fabriquées à l'aide de roseaux.

De mystérieuses statues

L'île de Pâques, dans l'océan Pacifique, abrite des centaines de statues en pierres appelées *moai*. Elles furent réalisées par les premiers habitants, qui vénéraient ainsi leurs ancêtres.

La plupart des statues *moai* mesurent au moins deux fois la hauteur d'un homme et pèsent très lourd. Leur édification demeure un mystère.

Festivités dans la ville

Tous les ans, en début d'année, la ville animée de Rio de Janeiro, au Brésil, accueille un carnaval de cinq jours, avec banquets, musique et parades costumées. Les danseurs participent aux concours de samba dans toute la ville.

Au carnaval de Rio, des chars comme celui-ci transportent des gens costumés dans les rues de la ville.

Liens Internet

Sur **www.usborne-quicklinks.com/fr** tu pourras faire un voyage en photos sur l'île de Pâques.

L'Asie

C'est le continent le plus grand du monde. Il s'étend du cercle polaire arctique à l'équateur et, d'ouest en est, de l'Oural à l'océan Pacifique.

La partie de la Russie située de ce côté de l'Oural fait partie de l'Europe.

Légende
- ■ Capitale
- ○ Métropole et ville
- Frontière (limite entre deux pays)
- Fleuve
- Littoral

Échelle

0 km 1 000 km

Le panda géant vit dans les forêts de bambou des hautes montagnes de la Chine occidentale. De nos jours, il en reste moins d'un millier à l'état sauvage.

Liens Internet

Sur **www.usborne-quicklinks.com/fr** tu trouveras un lien qui propose une carte de l'Asie à imprimer, remplir et colorier.

Les crêtes blanches, au milieu de cette vue de l'Asie par satellite, correspondent aux sommets enneigés de l'Himalaya.

L'Asie en chiffres

Superficie totale *44 537 920 km²*

Pays le plus grand Russie
Superficie totale : 17 075 200 km²
Russie asiatique : 12 780 800 km²

Pays le plus petit
Maldives *300 km²*

Île la plus grande
Bornéo *751 100 km²*

Montagne la plus haute
Mont Everest, Népal/Chine
8 850 m

Fleuve le plus long
Yang-Tseu-Kiang (Chang Jiang), Chine *6 380 km*

Lac le plus vaste
Mer Caspienne, Asie occidentale
370 999 km²

Chutes les plus hautes
Chutes Jog (Jog Falls), Inde
253 m

Désert le plus vaste
Désert d'Arabie
(déserts d'Arabie Saoudite)
2 230 000 km²

Une terre de contrastes

L'Asie rassemble presque tous les paysages du monde. Au nord règnent les forêts gelées. Le sud abrite des déserts et des forêts pluviales, tandis qu'une grande partie du centre est recouvert de pâturages.

Rizières en terrasse

Certaines régions d'Asie sont très vallonnées. Pour leurs cultures, les paysans y creusent des terre-pleins appelés terrasses. Celles-ci arrêtent l'eau qui coule le long des collines, et le riz peut y pousser. Beaucoup de rizières sont en terrasses.

Ces terrasses à flanc de colline permettent de cultiver le riz.

De hautes montagnes

L'Himalaya constitue la chaîne de montagnes la plus élevée du globe. Elle traverse l'Inde, le Népal, le Bhoutan et la Chine. L'Everest est son plus haut sommet. Chaque année, de nombreux alpinistes tentent de l'atteindre.

Cette photo montre le pic, ou sommet, du mont Everest. Des vents violents balaient la neige sur la crête.

La saison des pluies

L'Inde connaît deux saisons principales : une très pluvieuse et l'autre très sèche. On les appelle moussons, et leur changement s'opère lorsque le vent tourne. Le cycle des cultures suit le rythme de la mousson.

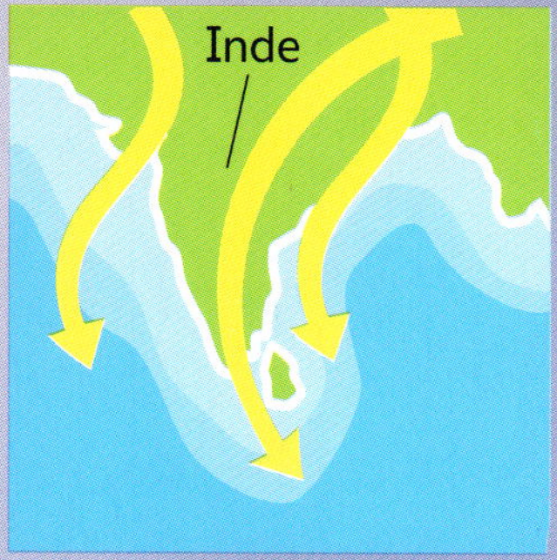

En hiver, les vents de mousson viennent de la terre vers la mer. C'est la saison sèche.

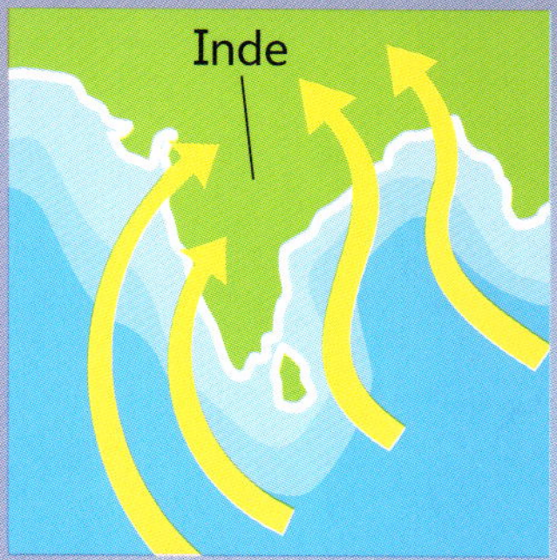

En été, les vents de mousson soufflent de la mer et apportent la pluie. C'est la saison des pluies.

La Grande muraille de Chine

Il y a des centaines d'années, les Chinois ont construit un immense rempart pour se protéger de leurs ennemis. Cette Grande muraille traverse déserts, montagnes et pâturages, le long de la bordure nord de la Chine. On la voit de l'espace.

Liens Internet

Sur **www.usborne-quicklinks.com/fr** tu trouveras un lien vers un carnet de voyage très complet sur le Népal.

La Grande muraille de Chine est construite en pierre. Ces tours permettaient aux soldats de voir leurs ennemis arriver.

Divers modes de vie

Certaines régions d'Asie sont quasi désertes et d'autres surpeuplées. Les religions et les coutumes les plus variées se côtoient, de même que les traditions ancestrales et la vie moderne.

Gratte-ciel

Les immeubles les plus hauts du monde sont les tours Petronas de Kuala Lumpur, qui est la capitale de la Malaisie. Elles mesurent 452 m et comptent 88 étages de bureaux.

Les tours Petronas dépassent de beaucoup les gratte-ciel voisins.

Ce commerçant transporte des légumes frais pour les vendre sur le marché flottant près de Bangkok, en Thaïlande.

Marché flottant

Chaque matin, de petits bateaux remplis de fruits et légumes forment un marché flottant sur un canal, près de Bangkok, en Thaïlande. Les vendeurs canotent sur l'eau et proposent des aliments et des souvenirs aux habitants et aux touristes.

Un pays surpeuplé

La Chine est le pays le plus peuplé. Plus d'un cinquième de la population mondiale y vit. La plupart des Chinois habitent toutefois en ville et certaines régions sont totalement désertes.

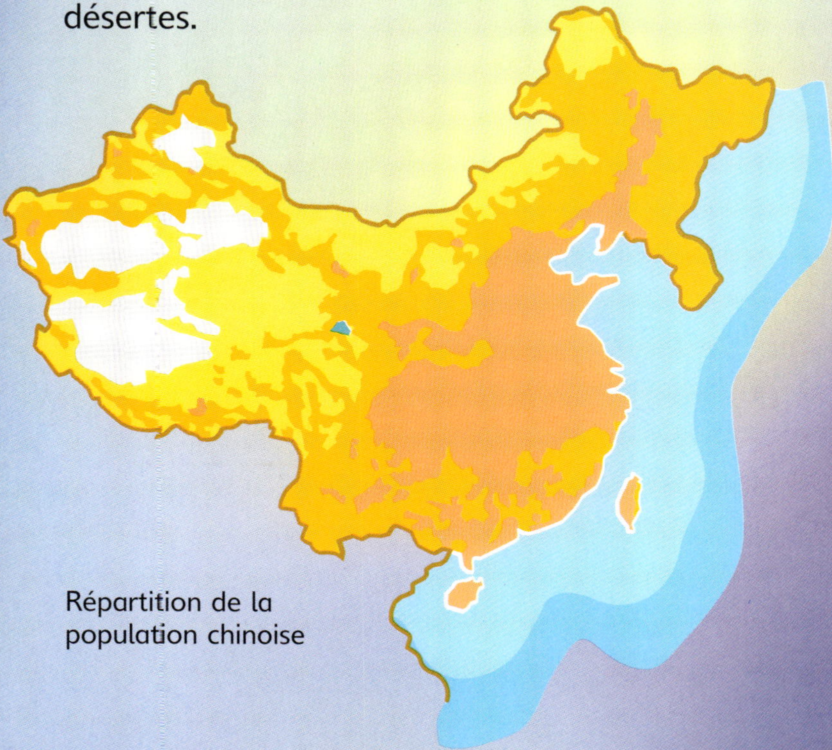

Répartition de la population chinoise

Liens Internet

Sur **www.usborne-quicklinks.com/fr** tu trouveras un lien qui te permettra de faire une visite touristique de la Chine.

Des flèches dorées

De nombreuses religions sont nées en Asie. Le bouddhisme débuta en Inde puis s'étendit dans d'autres pays asiatiques, dont la Birmanie qui abrite beaucoup de temples. Ils sont souvent ornés de flèches pointues et de grandes statues en or.

Ces flèches dorées appartiennent à un temple bouddhiste de Mandalay, en Birmanie.

L'Afrique

Deuxième par sa taille, l'Afrique est également le continent le plus chaud. Depuis la Méditerranée au nord, il s'étire sur des milliers de kilomètres dans l'hémisphère sud, en passant par l'équateur.

Liens Internet

Sur **www.usborne-quicklinks.com/fr** tu trouveras un lien sur un safari photo en Afrique du Sud, au Botswana, au Lesotho, en Namibie et au Zimbabwe.

Sur cette image satellite, les zones en beige montrent que le désert occupe une grande partie de l'Afrique. Le Sahara se situe au nord du continent.

L'Afrique en chiffres

Superficie totale *30 311 690 km²*

Pays le plus grand Soudan *2 505 810 km²*

Pays le plus petit Seychelles *455 km²*

Île la plus grande Madagascar *587 040 km²*

Montagne la plus haute Kilimandjaro, Tanzanie *5 895 m*

Fleuve le plus long Le Nil, du Burundi à l'Égypte *6 671 km*

Lac le plus vaste Lac Victoria, Tanzanie *69 215 km²*

Chutes les plus hautes Chutes Tugela (Tugela Falls), Afrique du Sud *610 m*

Désert le plus vaste Sahara *9 100 000 km²*

Grâce à la couleur sable de son pelage, le lion peut se fondre dans son environnement sec de prairies arides.

Un vaste désert

Le Sahara occupe une grande partie de l'Afrique, c'est le plus grand désert du monde. Il y fait très chaud en journée mais, la nuit, les températures chutent au-dessous de 0 °C.

Carte des différents paysages d'Afrique

Désert aride

Il pleut rarement au Sahara. La région la plus sèche se situe en Libye, où le désert se compose de sable. En soufflant, le vent crée d'énormes buttes appelées dunes, qui décrivent de spectaculaires ondulations.

Liens Internet

Sur **www.usborne-quicklinks.com/fr** un lien te permettra de découvrir la faune, la flore et les habitants du Sahara.

Un des meilleurs moyens de traverser le Sahara est à dos de chameau, car cet animal peut marcher longtemps sans se désaltérer.

Une forêt dense

Certaines régions d'Afrique sont très pluvieuses. L'île de Madagascar abrite une épaisse forêt pluviale, où vivent de nombreux animaux exotiques, tels les lémuriens, de petits animaux à poil.

Le maki catta (lémurien à queue annelée) vit dans les forêts pluviales de Madagascar.

Des plaines herbeuses

De vastes régions africaines sont couvertes de prairies chaudes appelées savanes. Comme le climat est trop sec, on y trouve peu d'arbres, mais il pleut assez souvent pour que l'herbe y pousse. Lions, girafes, éléphants et zèbres constituent les animaux de la savane.

Ces zèbres vivent dans la savane. On distingue au loin le Kilimandjaro.

Villes et campagnes

Beaucoup d'Africains ont un métier agricole à la campagne. Mais bon nombre d'entre eux s'installent aujourd'hui dans de grandes villes pour y vivre et travailler.

Cette femme zoulou transporte de l'eau dans une jarre d'argile.

La sécheresse

Dans les nombreuses régions d'Afrique où il pleut trop rarement, les cultures ne peuvent pas pousser et les habitants manquent d'eau. On appelle cela la sécheresse. Parfois, on peut transporter l'eau à la main ou dans des canalisations jusqu'au village frappé de sécheresse.

Liens Internet

Sur **www.usborne-quicklinks.com/fr** tu trouveras un lien qui te permettra de découvrir trois pays d'Afrique : le Maroc, l'Égypte et le Mali, avec des jeux et des activités à chaque fois.

Précieuse agriculture

Il existe des fermes dans la plupart des régions d'Afrique. Certaines font pousser des céréales, comme le maïs ou le millet, pour nourrir les habitants. D'autres cultivent du café ou du cacao, qu'elles vendent à d'autres pays.

Vendre ses récoltes permet à un pays de gagner de l'argent. Mais ses habitants risquent de ne pas avoir suffisamment de récoltes pour se nourrir.

Cet homme ramasse le thé au Burundi. Les feuilles séchées seront vendues à de lointains pays.

Une ville qui grossit

Le Cap est l'une des trois capitales d'Afrique du Sud. Bâtie dans une plaine, elle se situe près de l'océan Atlantique, autour de la montagne de la Table. Cette ville est en expansion. De plus en plus de gens de la campagne s'y installent pour y travailler et vivre dans de meilleures conditions.

Le Cap, en Afrique du Sud. La montagne voisine est recouverte de nuages.

L'Europe

L'Europe est un petit continent qui rassemble beaucoup de pays. Seule la partie de la Russie à l'ouest de l'Oural est européenne, le reste se situant en Asie.

L'Europe abrite de nombreuses espèces d'oiseaux, comme ce martin-pêcheur.

Légende
- ■ Capitale
- ○ Métropole et ville
- Frontière (limite entre deux pays)
- Fleuve
- Littoral

Le reste de la Russie se situe en Asie.

L'Europe en chiffres

Superficie totale *10 205 720 km²*

Pays le plus grand Russie

Superficie totale : 17 075 200 km²

Territoire russe européen : 4 294 400 km²

Pays le plus petit Cité du Vatican *0,44 km²*

Île la plus grande Grande-Bretagne *229 870 km²*

Montagne la plus haute Mont Elbrouz, Russie *5 642 m*

Fleuve le plus long Volga *3 700 km*

Lac le plus vaste Lac Ladoga, Russie *17 700 km²*

Chutes les plus hautes Chutes d'Utigard, sur le glacier de Jostedal, Norvège *800 m*

Désert le plus vaste Il n'en existe aucun en Europe.

Liens Internet

Sur **www.usborne-quicklinks.com/fr** tu trouveras un lien vers la visite virtuelle du château de Chantilly, en France.

Cette image satellite montre comment l'Europe rejoint l'Asie. La grosse tache blanche au nord représente la glace recouvrant l'Arctique.

Fermes et collines

Une grande partie de l'Europe est légèrement vallonnée et convient à l'agriculture. Certaines régions sont rocailleuses ou enneigées et peu cultivables.

Répartition des cultures en Europe

Légende

- Raisin
- Olives (pour l'huile)
- Fruits
- Pommes de terre
- Céréales (comme le blé et l'orge)

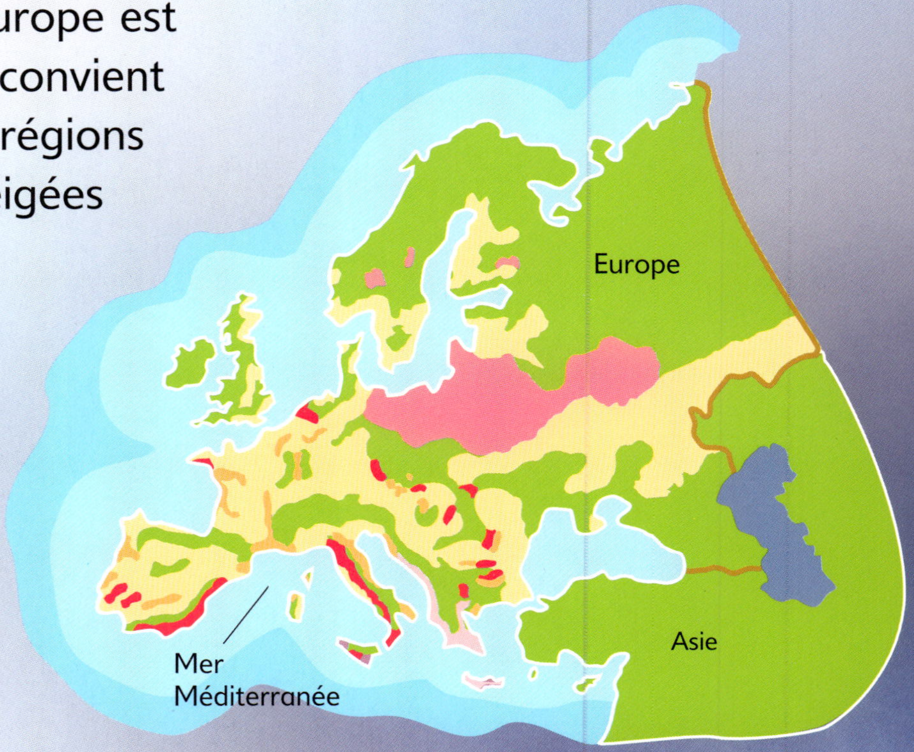

Fruits et légumes

Le sud de l'Europe borde le littoral méditerranéen. Le climat y est très chaud et sec en été, mais frais et humide en hiver. On y cultive les oranges, les citrons et d'autres agrumes, ainsi que beaucoup d'autres fruits et légumes.

Ce marché se trouve à Rome, en Italie. Chaque jour, les vendeurs y proposent des fruits et légumes frais des fermes voisines.

Sources d'eau chaude

L'Islande est une île qui possède une eau naturellement chauffée par les rochers souterrains. Parfois, des jets de vapeur et d'eau chaude sortent de cavités situées dans le sol. On les appelle des geysers.

Voici le geyser de Strokkur, en Islande. De l'eau en ébullition en jaillit à intervalles réguliers.

Des pics découpés

Les Alpes composent la plus grande chaîne de montagnes d'Europe. De gigantesques plissements de la roche les ont fait naître il y a des millions d'années. Elles doivent leurs formes découpées aux rivières de glace appelées glaciers qui les ont creusées.

Cette photo présente les cultures maraîchères dans certaines vallées et contreforts alpins. Derrière, tu peux admirer les sommets enneigés.

Liens Internet

Sur **www.usborne-quicklinks.com/fr** un lien te permettra de visiter les différents pays d'Europe, avec carte, fiche descriptive et photos, entre autres.

Un peu de tourisme

L'Europe est célèbre pour ses villes anciennes et ses bâtiments historiques. Mais les constructions modernes attirent aussi les visiteurs.

La tour Eiffel

Elle fut construite pour l'expositon universelle de 1889 à Paris, capitale de la France. Jusqu'en 1930, c'était la plus haute tour du monde. Depuis sa construction, plus de 200 millions de touristes l'ont visitée.

La tour Eiffel est aussi haute que 100 camions empilés l'un au-dessus de l'autre.

De grandes cathédrales

Beaucoup de villes européennes abritent de gigantesques églises appelées cathédrales. Bâties en pierre de taille, leur construction nécessita de nombreuses années. Certaines possèdent des flèches au sommet, d'autres des clochers ou des coupoles.

Il fallut 600 ans pour ériger la cathédrale de Cologne en Allemagne.

Architecture moderne

L'Europe abrite quelques stupéfiantes constructions modernes. L'une des plus intéressantes est le musée Guggenheim de Bilbao, en Espagne. Il est recouvert d'énormes feuilles de métal recourbées.

Voici le musée Guggenheim de Bilbao, en Espagne. C'est une galerie où l'on peut admirer des œuvres d'art moderne.

Vestiges romains

Il y a près de 2 000 ans, Rome était l'une des plus grandes villes du monde. À l'époque, les Romains régnaient sur toutes les terres du bassin méditerranéen. Beaucoup de régions européennes en conservent encore les vestiges.

Voici les ruines du Colisée de Rome. Les gens venaient y voir combattre les gladiateurs.

Liens Internet

Sur **www.usborne-quicklinks.com/fr** tu trouveras un lien pour te documenter sur la tour Eiffel, avec une visite virtuelle.

Carte montrant l'étendue des terres qui formaient l'Empire Romain.

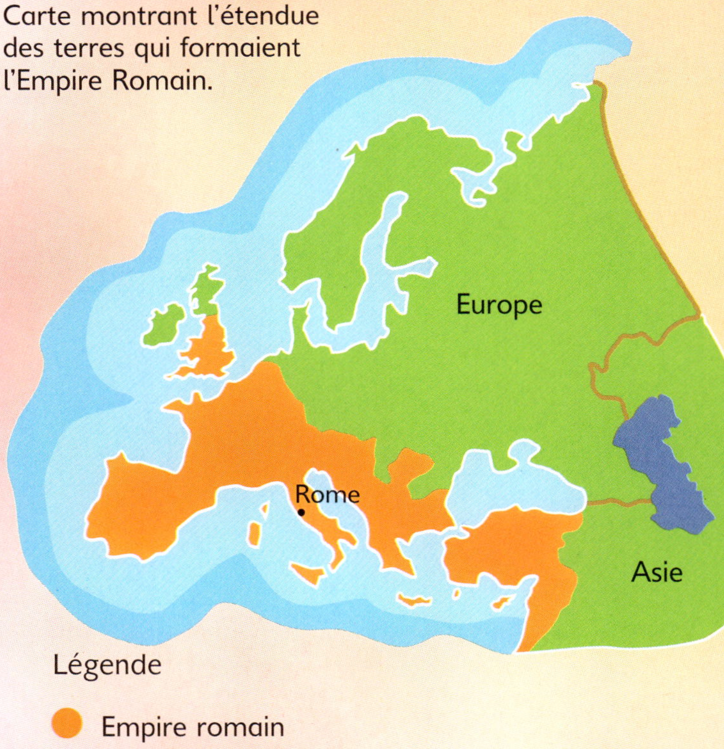

L'Océanie

C'est le plus petit continent. Il se compose de l'Australie, de la Nouvelle-Zélande, de la Papouasie-Nouvelle-Guinée, ainsi que de nombreuses petites îles de l'océan Pacifique.

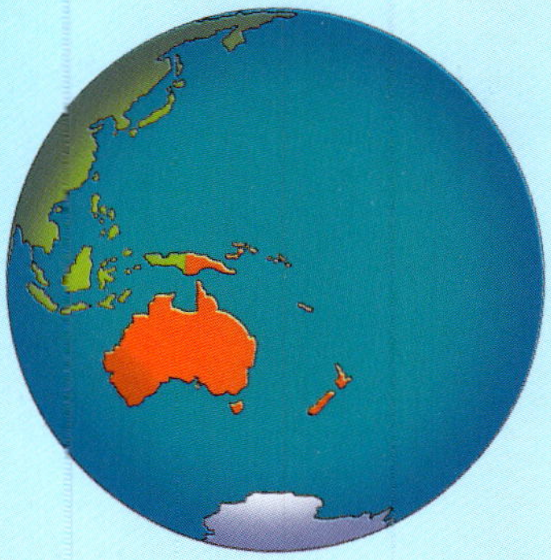

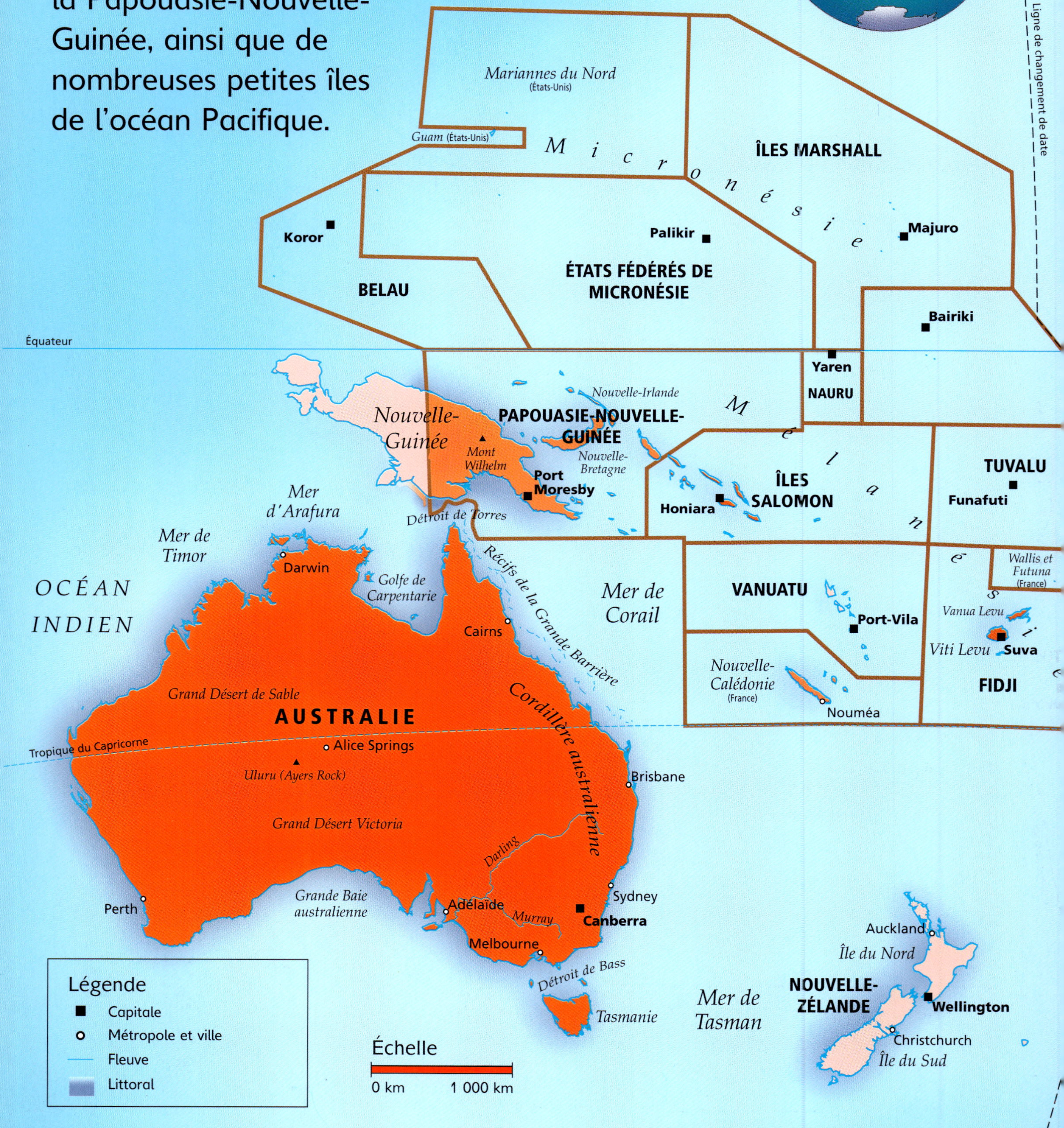

L'Océanie en chiffres

Superficie totale *8 564 400 km²*

Pays le plus grand Australie *7 741 220 km²*

Pays le plus petit Nauru *21 km²*

Île la plus grande Nouvelle-Guinée *800 000 km²*

Montagne la plus haute Mont Wilhelm, Papouasie-Nouvelle-Guinée *4 509 m*

Fleuve le plus long Murray/Darling, Australie *3 718 km*

Lac le plus vaste Lac Eyre, Australie *9 000 km²*

Chutes les plus hautes Chutes Sutherland (Sutherland Falls) sur le fleuve Arthur, Nouvelle-Zélande *580 m*

Désert le plus vaste Grand Désert Victoria, Australie *388 500 km²*

Sur cette photo prise de l'espace, les zones en beige montrent que la majeure partie de l'Australie est désertique. Au sud, la grosse tache blanche représente l'Antarctique.

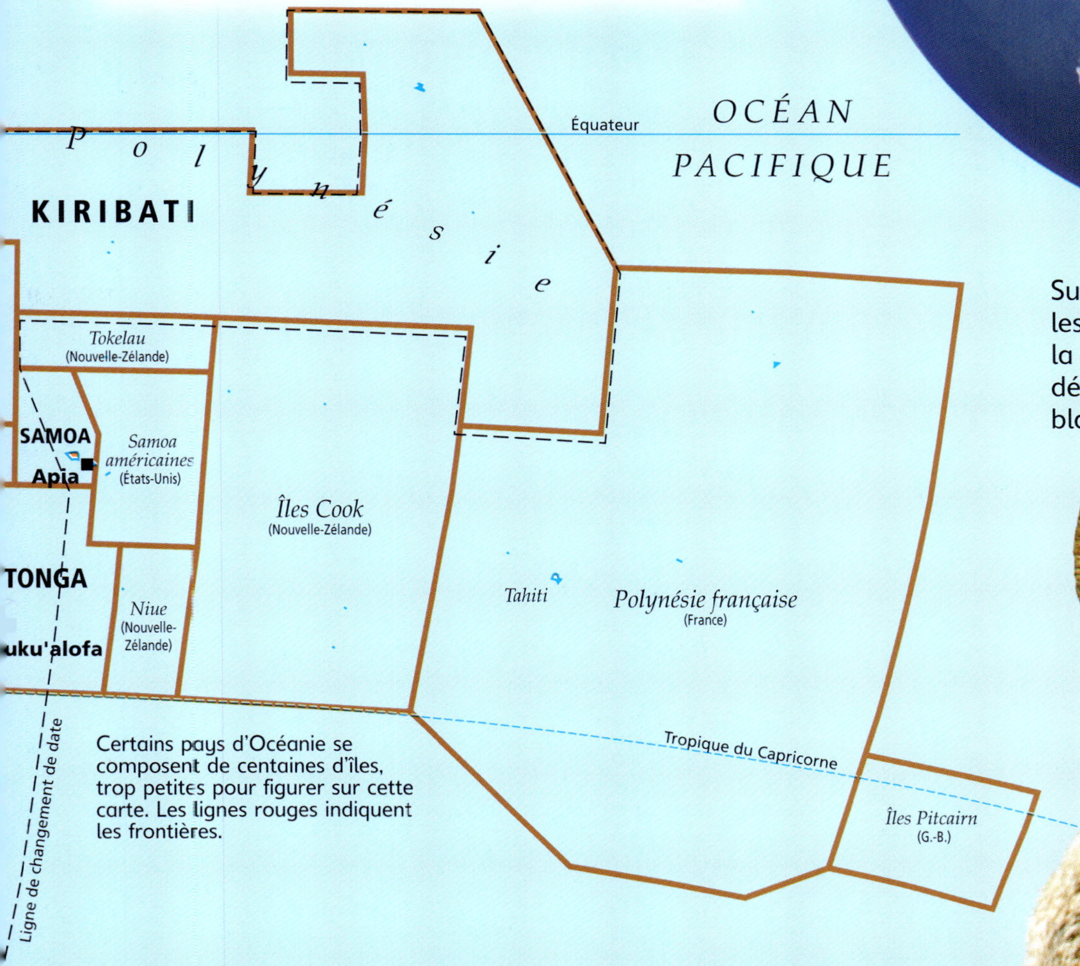

Certains pays d'Océanie se composent de centaines d'îles, trop petites pour figurer sur cette carte. Les lignes rouges indiquent les frontières.

Les wallabies vivent dans les pâturages arides et poussiéreux d'Australie. Leurs longs cils protègent leurs yeux du vent de sable.

Liens Internet

Sur **www.usborne-quicklinks.com/fr** tu trouveras un site complet et amusant sur l'Australie.

Désert et océan

L'Océanie englobe plus de 20 000 îles de l'océan Pacifique. La plupart sont minuscules, mais le désert australien est immense. Beaucoup de ces îlots correspondent au sommet d'un volcan sous-marin.

Un gouffre sous l'océan

Le fond du Pacifique est couvert de montagnes et de vallées appelées fosses. La plus grande est la fosse des Mariannes, qui plonge à 11 km de profondeur. Si tu y lançais une pierre, elle mettrait plus d'une heure pour atteindre le fond.

Cartes de la fosse des Mariannes, avec Challenger Deep, sa partie la plus profonde

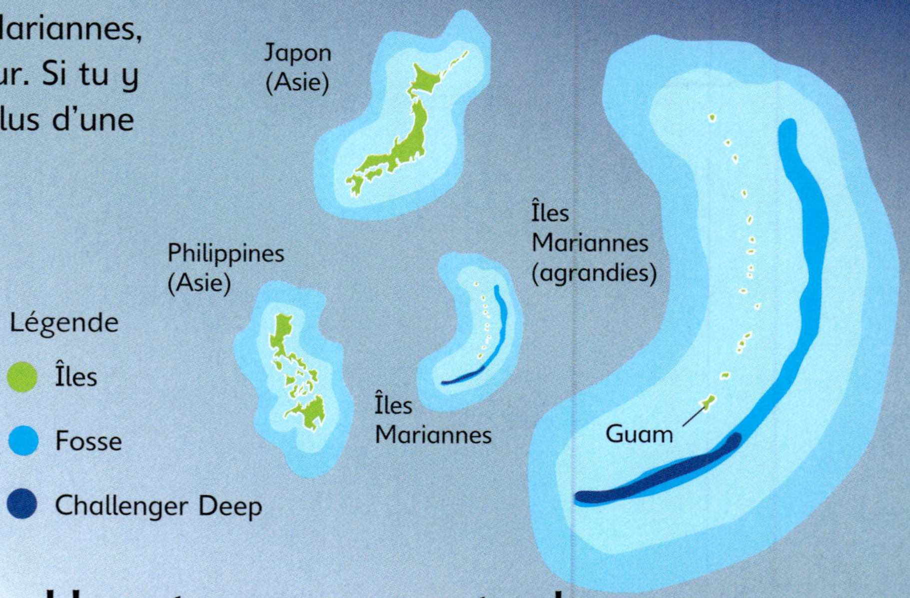

Une terre ancestrale

L'Australie se compose en grande partie d'un désert nu et rocailleux. Sa terre n'a guère changé depuis des millions d'années. Le vent et la pluie ont lentement poli les rochers.

Wave Rock, en Australie, ressemble à une sorte d'immense mur d'eau. Le vent et la pluie lui ont donné cette forme inhabituelle.

Liens Internet

Sur **www.usborne-quicklinks.com/fr** tu trouveras un lien qui propose un quiz sur les récifs coralliens.

La formation des îles

Les plus anciennes îles d'Océanie sont constituées de roche calcaire. Les plus récentes sont des sommets de volcans sous-marins. Ces images montrent la naissance et l'évolution d'une île.

Un volcan se forme sous la mer et émerge en surface. Lorsqu'il s'éteint, les animaux et les plantes s'y installent.

Les animaux marins appelés coraux se développent sur les contours du volcan éteint. Ils forment un anneau de corail appelé atoll.

Le corail meurt et se transforme en calcaire résistant. La forêt finit par pousser sur les nouveaux îlots. La mer ronge lentement la roche tendre du volcan.

Au centre de cette île de la Polynésie française se trouve un volcan. Il est entouré de récifs coralliens, formés de vastes concentrations de minuscules animaux marins appelés coraux.

Des forêts maritimes

Les palétuviers poussent au bord des mers chaudes, avec leurs racines en partie immergées, car ils s'accommodent de l'eau salée. Il existe de denses mangroves (forêts de palétuviers) en Papouasie-Nouvelle-Guinée et dans d'autres îles d'Océanie.

Grâce à leurs très longues et solides racines, les palétuviers se hissent au-dessus des marécages.

La vie en Océanie

Hormis l'Antarctique, l'Océanie est le continent le moins peuplé. La plupart de ses habitants vivent près de la mer.

La plupart des Australiens vivent non loin de la mer et beaucoup pratiquent des sports nautiques. Ce surfeur profite d'une bonne vague, près d'une plage.

Les Australiens

Quatre Australiens sur cinq habitent des villes situées à une heure de voiture de la mer. Le reste vit disséminé dans l'énorme désert appelé l'outback. Ils sont si éparpillés que certains enfants suivent leur scolarité par correspondance ou sur Internet.

Cette carte montre la répartition de la population australienne.

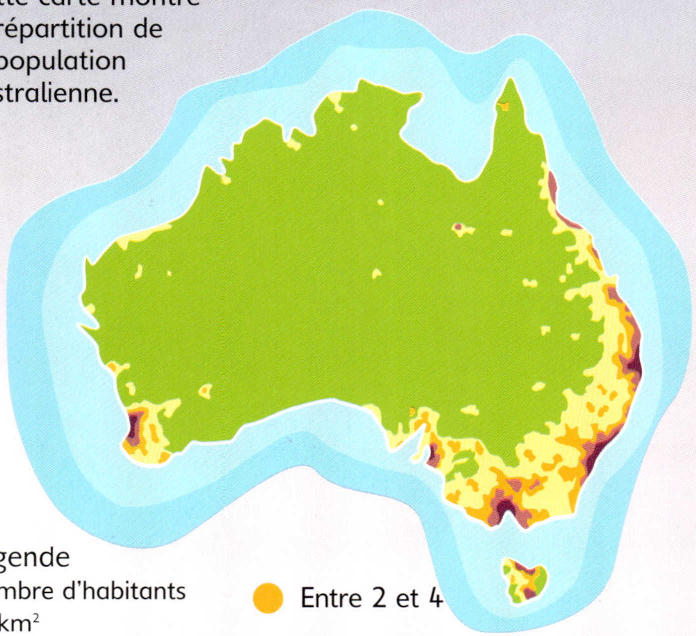

Légende
Nombre d'habitants au km²

- Plus de 50
- De 4 à 50
- Entre 2 et 4
- De 1 à 2
- Moins de 1

Populations d'origine

La plupart des Australiens et des Néo-Zélandais actuels ont des origines européennes. Mais l'Australie était déjà peuplée par les aborigènes depuis des milliers d'années. Les premiers colons de Nouvelle-Zélande étaient les Maoris.

Ces hommes portent le traditionnel costume maori. Tous les enfants néo-zélandais apprennent les coutumes maories à l'école.

Liens Internet
Sur **www.usborne-quicklinks.com/fr** tu trouveras un site consacré à la Papouasie-Nouvelle-Guinée, ses volcans, ses villages et ses habitants.

Les cultivateurs fidjiens

Beaucoup de Fidjiens sont paysans. Ils cultivent suffisamment de maïs et de légumes pour nourrir leur famille et d'autres habitants de leur village. Certaines de leurs récoltes, comme la noix de coco et la canne à sucre sont vendues à l'étranger.

Les agriculteurs des îles Fidji vivent souvent dans des maisons d'une pièce comme celle-ci, avec un toit de chaume et un plancher en nattes.

Tenue de fête

Les Huli vivent dans les montagnes de Papouasie-Nouvelle-Guinée. Les hommes huli se peignent le visage et portent de superbes coiffes en plumes pour exécuter des danses célèbres dans le monde entier.

Cet homme maquille son visage à la peinture. Sa coiffe est faite d'herbes et des plumes d'un oiseau appelé casoar.

L'Arctique

La région entourant le pôle Nord s'appelle l'Arctique. Il n'existe aucune terre au pôle Nord, mais la mer est si froide que sa surface gèle et se transforme en glace.

Sur ce globe, la tache blanche représente les zones arctiques toujours glacées.

Une terre gelée

Le cercle polaire arctique est une ligne imaginaire autour de l'Arctique. Huit pays se partagent l'intérieur. On appelle cette terre la toundra. Le sol est gelé presque toute l'année. Aucun arbre n'y pousse, mais le lichen et la mousse se développent au ras du sol.

Liens Internet
Sur **www.usborne-quicklinks.com/fr** tu pourras te renseigner sur la faune et la flore de l'Arctique.

S'adapter au froid

Les animaux qui vivent dans l'Arctique doivent survivre aux très basses températures. Beaucoup possèdent un pelage blanc touffu qui les protège du froid et leur permet de se fondre dans la neige. Certains ont une couche de graisse pour avoir encore plus chaud.

Grâce à son épaisse fourrure et à sa couche de graisse sous la peau, ce bébé phoque n'a pas froid.

Échelle
0 km
1 000 km
OCÉAN PACIFIQUE
Îles Aléoutiennes
Mer de Béring
JAPON
Sappor
Petropavlovsk-Kamtchatski
Anadyr
Cercle polaire arctique
Anchorage
ALASKA
(États-Unis)
RUSSIE
Montagnes Rocheuses
Yukon
Mer des Tchouktches
Île Wrangel
Mer de Sibérie orientale
Mer de Beaufort
Yellowknife
OCÉAN GLACIAL ARCTIQUE
Archipel de la Nouvelle-Sibérie
Monts Verkhoïansk
Lena
Mer de Laptev
Île Victoria
Îles de la Reine Élisabeth
Pôle magnétique Nord
CANADA
Terre du Nord
Pôle Nord
Île d'Ellesmere
Ienisseï
Mer de Kara
Terre François-Joseph
Terre de Baffin
Baie de Baffin
Nouvelle-Zemble
Ob
Détroit de Davis
GROENLAND
(Danemark)
Svalbard
(Norvège)
Mer de Barents
Monts Oural
Iekaterinbourg
Nuuk
Mer du Groenland
RUSSIE
Mourmansk
Arkhangelsk
Mer de Norvège
Reykjavik
ISLANDE
FINLANDE
Nijni-Novgorod
Légende
Capitale
Métropole et ville
Frontière (limite entre deux pays)
Fleuve
Littoral
Îles Féroé
(Danemark)
SUÈDE
Helsinki
Moscou
NORVÈGE
ESTONIE
Oslo
Stockholm
LETTONIE
LITUANIE
Mer du Nord
DANEMARK
Mer Baltique
RUSSIE
BIÉLORUSSIE
ROYAUME-UNI
POLOGNE
UKRAINE
IRLANDE
PAYS-BAS
ALLEMAGNE
MOLDAVIE
OCÉAN ATLANTIQUE
BELGIQUE
RÉPUBLIQUE TCHÈQUE
SLOVAQUIE
ROUMANIE

L'Antarctique

L'Antarctique est le continent situé au pôle Sud. C'est le plus froid et le plus venteux. La terre est couverte d'une couche de glace de plus de 2 000 m d'épaisseur. Neuf dixièmes de la glace mondiale se trouve dans l'Antarctique.

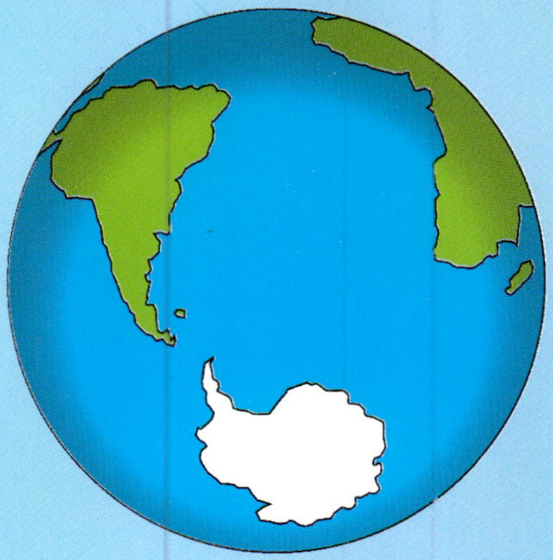

L'Antarctique se situe en bas du globe. Il est entouré de l'océan Austral (océan glacial Antarctique.)

Ce scientifique étudie une grotte de glace. Elle se situe dans une plate-forme glaciaire d'environ 100 m d'épaisseur, qui flotte sur la mer.

Une terre d'explorateurs

On a commencé à explorer l'Antarctique il y a à peine plus de 100 ans. Aujourd'hui, ses seuls habitants sont des scientifiques. Ils étudient le climat, la glace et la roche pour mieux connaître la vie sur la planète.

Se tenir chaud

L'Antarctique accueille des milliers de manchots. Ils ont une couche de graisse sous les plumes qui les protège du froid et se réchauffent en se blottissant les uns contre les autres. Quand souffle le vent glacial, ils se postent en tête du groupe à tour de rôle.

Liens Internet

Sur **www.usborne-quicklinks.com/fr** tu trouveras un lien vers un site très complet consacré à l'Antarctique.

Légende

▲ Montagne

Littoral

Pour se tenir au chaud, ce bébé manchot empereur est debout sur les pattes de sa mère, avec la tête blottie contre son ventre.

Les drapeaux du monde

Amériques du Nord et centrale

Antigua-et-Barbuda | Bahamas | Barbade | Belize | Canada | Costa Rica

Cuba | Dominique | République dominicaine | Salvador | Grenade | Guatemala

Haïti | Honduras | Jamaïque | Mexique | Nicaragua | Panama

Saint-Christophe-et-Niévès | Sainte-Lucie | Saint-Vincent-et-les-Grenadines | Trinité-et-Tobago | États-Unis d'Amérique

Amérique du Sud

Argentine | Bolivie | Brésil | Chili | Colombie | Équateur

Guyana | Paraguay | Pérou | Surinam | Uruguay | Venezuela

Asie

Afghanistan | Arménie | Azerbaïdjan | Bahreïn | Bangladesh | Bhoutan

Brunei | Birmanie (Myanmar) | Cambodge | Chine | Timor-Oriental | Géorgie

Asie (suite)

Inde

Indonésie

Iran

Irak

Israël

Japon

Jordanie

Kazakhstan

Koweït

Kirghizistan

Laos

Liban

Malaisie

Maldives

Mongolie

Népal

Corée du Nord

Oman

Pakistan

Philippines

Qatar

Fédération de Russie

Arabie Saoudite

Singapour

Corée du Sud

Sri Lanka

Syrie

Taiwan

Tadjikistan

Thaïlande

Turquie

Turkménistan

Émirats arabes unis

Ouzbékistan

Viêt Nam

Yémen

Afrique

Algérie

Angola

Bénin

Botswana

Burkina Faso

Burundi

Cameroun

Cap-Vert

République centrafricaine

Tchad

Comores

Congo

Congo (République démocratique du)

Djibouti

Égypte

Guinée-Équatoriale

Érythrée

Éthiopie

Afrique (suite)

Gabon · Gambie · Ghana · Guinée · Guinée-Bissau · Côte-d'Ivoire

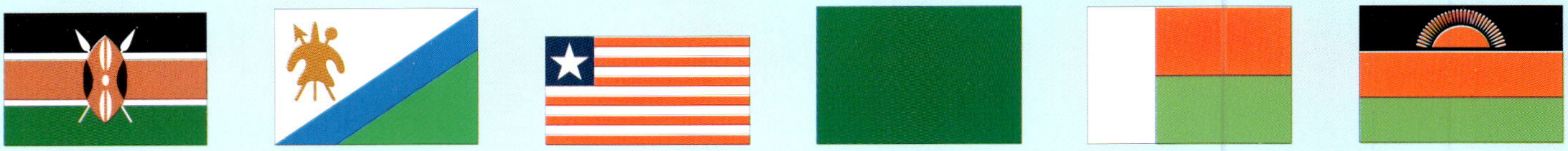

Kenya · Lesotho · Liberia · Libye · Madagascar · Malawi

Mali · Mauritanie · Maurice (île) · Maroc · Mozambique · Namibie

Niger · Nigeria · Rwanda · Sao Tomé et Principe · Sénégal · Seychelles

Sierra Leone · Somalie · Afrique du Sud · Soudan · Swaziland · Tanzanie

Togo · Tunisie · Ouganda · Zambie · Zimbabwe

Europe

Albanie · Andorre · Autriche · Biélorussie · Belgique · Bosnie-Herzégovine

Bulgarie · Croatie · Chypre · République tchèque · Danemark · Estonie

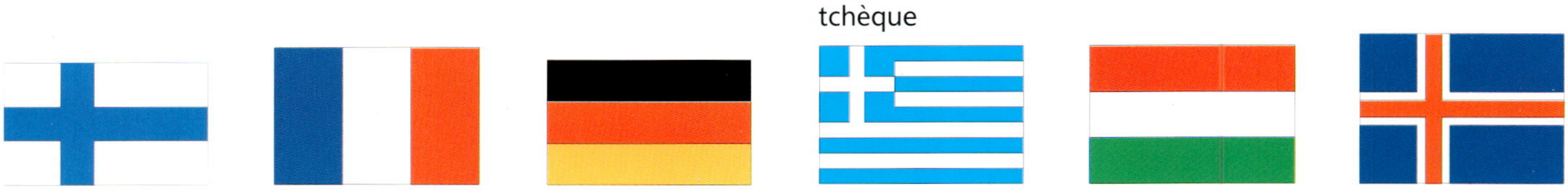

Finlande · France · Allemagne · Grèce · Hongrie · Islande

Europe (suite)

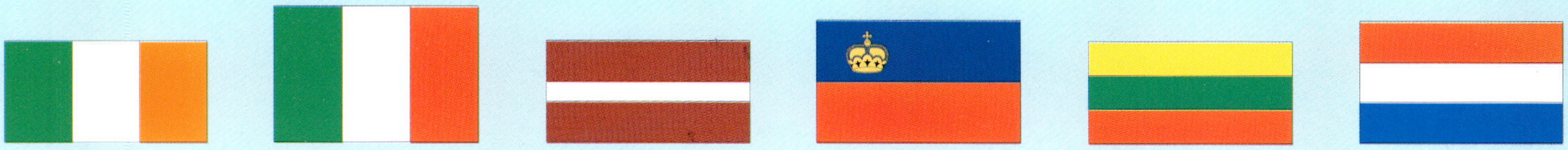

Irlande | Italie | Lettonie | Liechtenstein | Lituanie | Luxembourg

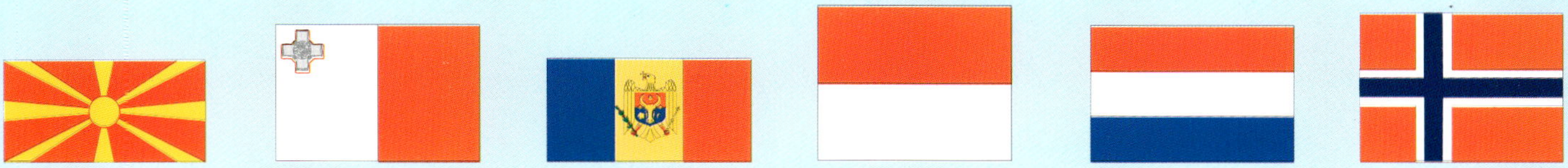

Macédoine | Malte | Moldavie | Monaco | Pays-Bas | Norvège

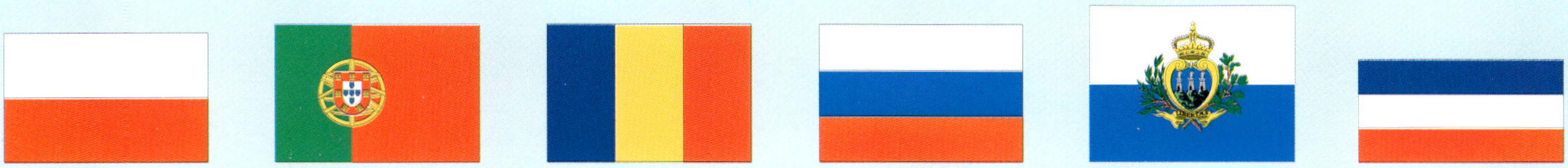

Pologne | Portugal | Roumanie | Fédération de Russie | Saint-Marin | Serbie et Monténégro

Slovaquie | Slovénie | Espagne | Suède | Suisse | Turquie

Ukraine | Royaume-Uni | Cité du Vatican

Océanie

Australie | États fédérés de Micronésie | Fidji | Kiribati

Îles Marshall | Nauru | Nouvelle-Zélande | Belau

Papouasie-Nouvelle-Guinée | Samoa | Îles Salomon | Tonga

Tuvalu | Vanuatu

Changements

Les drapeaux changent souvent. S'il se crée un nouveau pays ou si sa situation politique change, on invente un nouveau drapeau.

Ainsi, l'Afrique du Sud a connu d'importants bouleversements en 1991. Pour la première fois, tous les adultes du pays pouvaient participer à des élections libres. On a créé un nouveau drapeau pour fêter l'événement.

Nouveau drapeau | Ancien drapeau jusqu'en 1994

Liens Internet

Tu trouveras sur **www.usborne-quicklinks.com/fr** un lien qui présente les drapeaux du monde entier.

Index des cartes

Voici un index des lieux et des particularités mentionnés sur les cartes. Chaque entrée présente le nom du lieu (en **gras**), le pays ou la région où il se trouve (en *italique*), et la ou les pages où il figure. Certains noms sont également accompagnés d'une indication spécifiant de quel type de lieu il s'agit - par exemple capitale ou rivière.

A

B

C

M

N

O

P

Index

Remerciements

L'éditeur propose de remédier à toute omission concernant les droits de reproduction dans les éditions qui suivraient, après notification des ayant droit. Il tient aussi à remercier les personnes et organisations suivantes pour avoir permis la reproduction de certains documents. Légende *(h : haut, m : milieu, b : bas, g : gauche, d : droite)*

Couverture (1re) Digital Vision, (4e) Digital Vision ; **1** NASA/Science Photo Library ; **2-3** Getty Images/Pal Hermansen ; **5** Getty Images/Walter Bibikow ; **7** Getty Images/Louise Murray ; **8** (b) Dave G. Houser/CORBIS ; **14** (bg) Digital Vision ; **15** (hd) Julian Baum et David Angus/Science Photo Library ; **16** (g) Getty Images/John Giustina ; **16-17** Getty Images/Macduff Everton ; **17** (hd) Roger Ressmeyer/CORBIS ; **18** Powerstock ; **19** (hd) Owaki-Kulla/CORBIS, (g) Brian et Cherry Alexander Photography/Alamy, (bd) Getty Images/Doug Armand ; **20** (bg) Digital Vision ; **21** (hd) Julian Baum et David Angus/Science Photo Library ; **22** Galen Rowell/CORBIS ; **23** (hg) Powerstock, (d) Owen Franken/CORBIS, (bg) Robert Harding Picture Library Ltd/Alamy ; **24** Jim Zuckerman/Alamy ; **25** (d) Robert Harding Picture Library Ltd/Alamy, (g) Getty Images/Ary Diesendruck ; **26** (bg) Digital Vision ; **27** (hd) Julian Baum et David Angus/Science Photo Library ; **28** (g) Jon Arnold Images/Alamy, (bd) Michael S. Lewis/CORBIS ; **29** Miles Ertman/Masterfile ; **30** (principale) World Pictures, (bg) Macduff Everton/CORBIS ; **31** (bd) Powerstock ; **33** (hd) Tom Van Sant/Geosphere Project, Santa Monica/Science Photo Library, (bd) Digital Vision ; **34-35** (b) Getty Images/FransLemmens ; **35** (hd) Getty Images/Nick Garbutt, (m) NHPA/Daryl Balfour ; **36** Dallas et John Heaton/Alamy ; **37** (hd) Getty Images Bruno De Hogues, (bg) Getty Images/Stephen Beer ; **38** (mg) Digital Vision ; **39** (bd) Julian Baum et David Angus/Science Photo Library ; **40** (bg) Art Kowalsky/Alamy ; **40-41** (principale) Jon Arnold Images/Alamy ; **41** (md) Getty Images/Wilfried Krecichwost ; **42** (principale) Getty Images/John Lawrence, (md) Getty Images/Jorg Greuel ; **43** (h) Powerstock, (bg) Getty Images/ A & L Sinibaldi ; **45** (h) Planetary Visions Ltd/Science Photo Library, (b) Digital Vision ; **46** (b) Jean-Paul Ferrero/Ardea London Ltd ; **47** (h) Tim McKenna/CORBIS, (bd) Theo Allofs/CORBIS ; **48** (h) Mark A. Johnson/CORBIS, (bd) Anders Ryman/CORBIS ; **49** (mg) Jon Arnold Images/Alamy, (d) Wolfgang Kaehler/CORBIS ; **50** (b) W. Perry Conway/CORBIS ; **52** Graham Neden, Ecoscene/CORBIS ; **53** (bd) Tim David/CORBIS.